MÉMOIRE

DU

CONSEIL MUNICIPAL DE BELLEGARDE

en réponse

A UNE LETTRE DE M. ROUSSET

DESSERVANT DE CETTE PAROISSE

NANTUA

IMPRIMERIE D'AUGUSTE ARÊNE

1871

MÉMOIRE

CONSEIL MUNICIPAL DE BELLEGARDE

en réponse

à une lettre de M. Rousset

DESSERVANT DE CETTE PAROISSE

Bellegarde, le 16 octobre 1871.

Monsieur le Curé,

La lettre que vous avez fait parvenir le 6 septembre dernier à M. le Maire, en réponse à celle qu'il vous a écrite le 13 août précédent, est remplie de chiffres, de calculs, tendant tous à établir que vous avez fait et que vous faites de nombreux et riches cadeaux à la commune, ainsi, du reste, que vous l'aviez déjà annoncé du haut de la chaire, avec la persuasion de n'être point contredit par les fidèles qui vous ont écouté silencieux, mais étonnés.

S'il vous a plu de faire l'énumération de vos prétendues largesses en un lieu où le public ne devait vous opposer qu'un religieux recueillement, vous voudrez bien nous permettre, pour l'édification de ce même public, de répondre par un mémoire imprimé à votre lettre, que nous publions dans la crainte qu'une analyse n'en vienne altérer l'esprit.

La lettre de M. le Maire était conçue en ces termes :

« Bellegarde, le 13 août 1871.

» Monsieur le Curé,

» Les rares pièces que j'ai trouvées à la mairie rela-
» tives aux engagements pris par la commune et aux

» dettes qu'elle a dû contracter ne m'en indiquent pas le
» chiffre.

» Je dois conséquemment avoir recours à vous, M. le
» Curé, qui avez fait exécuter les travaux qui constituent
» les dettes de la commune, pour parvenir à connaître
» quelle est la somme qui vous serait due :

» 1° Pour la construction du presbytère, déduction
» faite des sommes que vous auriez reçues à ce titre, et
» dont je vous prie de m'indiquer le chiffre.

» 2° Pour la construction du cimetière, en m'indiquant
» également quelle serait la somme qui vous aurait été
» remise à ce titre.

» 3° Quel serait le chiffre des dépenses que vous auriez
» faites pour d'autres travaux que vous auriez fait exé-
» cuter pour le compte de la commune.

» On a recueilli, par diverses souscriptions, des sommes
» assez importantes pour être affectées à divers travaux,
» et je suis étonné de n'avoir trouvé aucun document
» pouvant m'indiquer l'emploi de ces sommes et leur
» chiffre.

» Dans le cas où vous seriez le dépositaire des listes de
» souscription, je vous prierais de vouloir bien me les
» communiquer, car il est de l'intérêt de la commune de
» connaître les noms des personnes qui ont bien voulu
» lui venir en aide, et l'emploi qui a été fait des fonds
» qu'elles ont volontairement versés.

» Je vous serais fort reconnaissant si vous vouliez bien
» me transmettre ces renseignements dans un bref délai.

» Veuillez, etc.

» *Le Maire,*

» Signé : GIROD. »

Nous copions textuellement ici votre réponse :

« Bellegarde, le 6 septembre 1871.

» Monsieur le Maire,

» Votre lettre du 13 août me surprend et m'étonne.
» Vous me dites dans cette lettre que vous n'avez pas

» trouvé à la mairie les pièces qui regardent la cure et le
» cimetière : ce n'est pas possible, Monsieur le Maire.

» Il y a quelques années, je faisais cession de la cure à
» la commune de Bellegarde moyennant une somme de
» 12,000 francs, payable quand la commune le pourrait
» et sans intérêts. Je ne puis croire que cette cession
» faite par écrit, reconnue et acceptée par le conseil mu-
» nicipal et par M. le Préfet, puisse être perdue.

» A ma sollicitation, et après des pourparlers qui du-
» rèrent plusieurs années, M. le Préfet de l'Ain voulut
» bien accepter ce mode de transmission pour éviter à la
» commune les frais d'une vente.

» A l'occasion de cette cession, permettez-moi de faire
» une observation. Douze mille francs ! pourraient dire
» quelques personnes, cette cession n'était pas pour rien.

» Si la commune avait pu me payer de suite, ou si
» j'exigeais les intérêts, on pourrait dire que ce n'était
» pas pour rien, mais en ne me payant pas d'intérêts, le
» raisonnement est tout autre.

» Il y a quinze ans que j'ai fait bâtir la cure. Tous ceux
» qui s'occupent de finances savent qu'une somme placée
» au 5 0/0 double tous les 15 ans. La commune de Belle-
» garde ne m'a rien donné ni en intérêts ni en capital
» depuis que la cure est faite. C'est donc une somme de
» 12,000 francs que j'ai perdue, ou plutôt une somme de
» 12,000 francs que j'ai donnée à la commune de Belle-
» garde. Mais ce n'est pas fini, suivons le raisonnement.
» La commune ne me remboursera que par annuités de
» 600 à 700 francs : je ne serai donc remboursé de mes
» avances que dans une vingtaine d'années ; je perdrai
» donc encore pendant 20 ans, ou plutôt je donnerai à la
» commune pendant 20 ans, les intérêts de la somme qui
» restera à payer. C'est à dire que lorsque la commune
» aura fini de me rembourser, je lui aurai encore donné
» une somme de 8,000 francs au moins ; 8,000 et 12,000
» font 20,000 francs que je donne à la commune de Belle-
» garde pour sa cure.

» Et vous, Monsieur le Maire, et vous, Messieurs les
» Conseillers qui savez tout cela, vous avez le courage
» d'écrire à Monseigneur l'évêque de Belley que le curé
» qui donne ces 20,000 francs à la commune est un
» homme d'argent, que c'est le gain qui le fait agir, et
» que la construction de la cure lui a procuré et lui pro-
» cure encore de réels bénéfices.

» Je vous avoue qu'en relisant votre lettre à Monsei-
» gneur je n'en puis croire à mes yeux. Je m'abstiens
» d'apprécier, je laisse à d'autres le soin de le faire pour
» moi.

» Il n'est pas possible, Monsieur le Maire, que dans les
» papiers de la commune vous ne trouviez ceux qui
» regardent le cimetière. C'est une vente par acte notarié ;
» je ne puis croire que cet acte soit perdu. Vous tenez à
» savoir comment la chose s'est faite ; le voici :

» Pendant de longues années nous montions de Belle-
» garde à Musinens pour enterrer. C'était loin et pénible,
» mais la commune n'avait pas de ressources. Un jour je
» trouvai un terrain à acheter. Le tour de ce terrain je fis
» faire des murs, une porte et placer une croix. (Remar-
» quez que jusque-là la commune n'y était pour rien.)
» Une fois cela fait, je dis au Conseil : Voilà un cimetière.
» Tous les Conseillers trouvèrent la chose très bien ; mais
» comment le payer ? dirent-ils. — Comme la cure : vous
» me rembourserez quand vous pourrez et sans intérêts,
» remboursement qui, dans les prévisions d'alors, ne
» pouvait se faire que dans 30 ans, les annuités de la cure
» étant les premières.

» Le raisonnement que je faisais il n'y a qu'un instant
» pour la cure est le même pour le cimetière. Dans 7 ou
» 8 ans il y aura 15 ans que j'aurai fait les avances de
» 2,000 francs pour le cimetière (aujourd'hui il faudrait le
» payer 8,000 francs et peut-être ne l'aurait-on pas) ;
» comme la commune ne m'a rien donné et ne me don-
» nera rien pendant 7 ou 8 ans encore, ce sera donc, dans
» quelques années, la somme de 2,000 francs que j'aurai

» donnée à la commune pour le cimetière, et dans 25 ou
» 30 ans la somme de 3,000 francs.

» Je suis surpris, Monsieur le Maire, de la négligence
» que vous mettez à me payer la première annuité de la
» cure. D'après les calculs, au moment de la cession, je
» devais recevoir cette première annuité en 1869. Soyez
» assez bon pour me dire ce que devient cet argent, qui
» ne peut être détourné.

» Il résulte de ce que je viens de dire que lorsque la
» commune aura fini de me rembourser mes avances pour
» la cure et le cimetière, j'aurai donné à la commune
» 23,000 francs.

» Je crois, Monsieur le Maire, que vous avez eu tort de
» me dire un jour que vous ne vouliez plus de bienfaits
» du curé, et qu'au besoin vous l'empêcheriez de donner.

» Les anciens conseillers peuvent se souvenir que lors-
» que nous faisions le calcul des années nécessaires pour
» rembourser mes avances, je leur disais : Ce sera plus
» vite remboursé que vous ne pensez. Je dois vous dire,
» Monsieur le Maire, que ce n'est pas en suivant la route
» que vous suivez aujourd'hui.

» Je viens de vous parler des avances que j'ai faites à
» la commune, avances qui, comme vous le voyez, ne
» peuvent m'enrichir. Puisque l'occasion se présente, je
» veux aussi vous dire ce que j'ai donné.

» Lorsque je suis arrivé à Bellegarde, qui n'était pas
» paroisse, tout était à faire, moins les murs et la toiture
» de l'église.

» Le plancher a coûté......................	700 fr.
» La chaire, port et pose...................	1,400
» La tribune, le tambour et les gradins.....	1,800
» Le grand autel avec les marches.........	2,000
» Les deux autres........................	750
» Les fonts baptismaux...................	300
» Les bancs de la nef.....................	650
» Les bancs pour les hommes.............	168

A reporter.... 7,768 fr.

Report........ 7,768 fr.

» Les bancs pour les enfants............. 50
» Les bancs du chœur.................... 750
» Les deux grands bancs de la tribune...... 120
» Les chaises........................... 50
» Le crépissage extérieur de l'église....... 600
» Le meuble de la sacristie.............. 250
» Le crépissage intérieur................. 1,385
» L'escalier de l'église.................. 850
» Deux ornements pour le dimanche....... 205
» Une chape............................ 220
» Cierge pascal et console.............. 25
» Lampes du Saint-Sacrement et autres.... 180
» Bannière réparée...................... 100
» Une statue........................... 120
» Ornements du chœur................... 1,000
» Vitraux.............................. 300
» Sacristie réparée avec la toiture......... 90
» Sacristie de débarras, plancher, toiture,
  » plafond............................. 250
» Engin pour nettoyer l'église............ 50
» Toiture de l'église réparée trois fois...... 80
» Réparations journalières et toutes ces cho-
  » ses qui constituent le mobilier de l'é-
  » glise, à 50 francs par an, en 15 ans... 750

» Total............. 15,493 fr.

» La moyenne des revenus de la Fabrique, les dépenses
» du culte payées, ne se monte pas à 200 francs par an,
» ce qui, en 15 ans, donne 3,000 francs.

» En déduisant cette somme de 3,000 francs de la
» somme de 15,493 francs, il reste une somme de
» 12,493 francs que j'ai payée pour la Fabrique.

» Je résume, Monsieur le Maire. J'ai donné à la
» commune de Bellegarde, pour la cure et le cime-
» tière................................... 23,000 fr.
» J'ai donné à la Fabrique, pour la commune.. 12,493

» Total......... 35,493 fr.

» **Et** devant ce besoin de faire du bien à une commune,
» devant cette somme énorme pour notre pays, vous écri-
» vez à Monseigneur de Belley :

«« M. Rousset a été l'entrepreneur illicitement toléré
»» de la majeure partie des travaux qui se sont exécutés
»» à Bellegarde depuis 1858, tels que fontaines, presby-
»» tère, clocher, cimetière, etc., etc., travaux dont les
»» fidèles ont souvent entendu parler du haut de la
»» chaire de vérité, et aux yeux desquels il a cherché à
»» faire ressortir qu'il s'était imposé des sacrifices pour
»» la commune, lorsqu'il savait qu'elle ne s'est bien ap-
»» pauvrie que dans le seul intérêt du culte, et que, loin
»» de l'obliger à des sacrifices, ses entreprises lui ont
»» procuré et lui procurent de réels bénéfices. »»

» Convenez, Monsieur le Maire, que c'est dépasser les
» bornes. En voilà assez, je crois, pour vous faire com-
» prendre que j'ai fait du bien à Bellegarde. Si j'ai été
» long, c'est que j'ai dû faire quelques recherches. Mais
» le clocher, mais les fontaines, etc.... A quelques jours,
» Monsieur le Maire.

» J'ai l'honneur d'être, Monsieur le Maire, votre très
» humble serviteur.

» Signé : ROUSSET. »

Vous avez une manière de faire suinter le capital
et d'établir vos comptes, qu'on ne peut s'empêcher de
reconnaître qu'en matière de finances vous n'ayez été
élevé à bonne école, et si les recherches que nous avons
faites dans l'intérêt de la commune n'étaient pas venues
nous éclairer sur la valeur de vos calculs et de vos cadeaux, nous aurions assurément reconnu en vous un pro-
fond financier.

Vous êtes arrivé à Bellegarde en 1856, et il y aurait en
réalité les 15 ans, qui ont servi de base à vos calculs, que
la cure serait construite si vous l'aviez fait bâtir dès votre
arrivée. Mais il n'en a pas été ainsi.

Le premier devis relatif à cette construction n'a été
rédigé par M. Lavoisot qu'en 1858. Le 10 mai de cette

année, le Conseil municipal exprime par une délibération : « Qu'il y a nécessité à pourvoir la commune d'un » presbytère, attendu que la maison qu'elle a à loyer » n'est pas suffisante pour loger le desservant. »

Ce devis, auquel on avait joint le plan de la cure, évaluait la dépense à la somme de 8,887 fr. 66 c., et, par la délibération précitée, le Conseil a déclaré que la commune pouvait disposer de la somme de 5,000 francs, ainsi répartie :

Avoir en caisse............................	1,500 fr.
Don de Monseigneur l'évêque de Belley....	2,000
Journées imposées pour l'extraction du sable, de la pierre et leur charroi..........	1,500
Total..............	5,000 fr.

Par une nouvelle délibération en date du 22 juillet 1860, le maire a exposé au Conseil qu'il était appelé à donner son avis sur un projet d'acquisition du presbytère avec jardin clos de murs, et dont la dépense était évaluée à 10,000 francs.

Il communique aux Conseillers le plan de l'immeuble, le consentement de vente souscrit par vous, et déclare que les ressources *réalisées* et *assurées* s'élèvent, savoir :

1° Somme offerte par Monseigneur........	1,500 fr.
2° Produit d'une souscription volontaire de la paroisse de Bellegarde.................	1,545
3° A prendre sur les fonds communaux....	2,700
Total..............	5,745 fr.

Par cette même délibération, la commune sollicite du gouvernement une subvention de 4,255 francs, qui forme, avec les ressources réalisées et assurées, la somme de 10,000 francs.

Nous remarquons que dans cette délibération on réduit de 500 francs la somme primitivement offerte par Monseigneur, qu'on y parle d'une souscription faite dans la paroisse, et que l'on augmente de 1,200 francs la somme à fournir par la commune.

A la suite de cette délibération, vous prenez, le 16 août 1860, l'engagement suivant :

« Je soussigné Rousset (Henri), propriétaire, demeurant
» à Bellegarde, consens à vendre, après autorisation
» préalable, à la commune de Bellegarde, une maison
» avec un jardin, moyennant la somme qui sera fixée par
» le procès-verbal des experts nommés par le Conseil
» municipal et par moi.

» Pour le paiement de cette somme, je déclare m'en
» référer à la délibération municipale du 22 juillet der-
» nier.

» Signé : ROUSSET. »

M. Collet, agent-voyer cantonal, nommé expert par arrêté du sous-préfet de Nantua en date du 28 août 1860, rédige, le 20 octobre suivant, un rapport descriptif et estimatif du presbytère, du sol et du jardin, et il établit son évaluation de la manière suivante :

Sol sur lequel sont construits les batiment et jardin..Fr.   1,968 75
Murs du jardin.............................   694 40
Appartements complètement achevés, tels
   que cuisine, caves, quatre chambres, han-
   gar, grenier, etc...............................   7,036 »»
Trois pièces au premier inachevées, et dont
   l'achèvement doit coûter...............   300 85
____
Total........Fr. 10,000 »»
____

Vous remarquerez que le presbytère n'était pas encore entièrement terminé à la fin d'octobre 1860, et vous vou-drez bien reconnaître que la valeur du sol, qui avait été payé par la commune aux sieurs Félicé et Rosiod, doit être déduite; d'où il résulte que la somme ci-dessus se trouve réduite à.........................Fr. 8,031 25

Nous déduirons encore, dès ce moment, celle de 1,500 francs donnés par Monseigneur, et dont vous avez pris la place par la lettre suivante, ci............................. 1,500 »»

Fr. 6,531 25

« Monsieur le Préfet,

» Dans une délibération du Conseil municipal » de Bellegarde du 22 juillet 1860, délibération » qui a pour but l'achat d'une cure, il est dit :

» Monseigneur donne 1,500 francs.

» Je viens aujourd'hui, monsieur le Préfet, » prendre la place de Monseigneur pour ne pas » retarder la demande d'un secours au Gouver- » nement. Je suis, etc.

» Bellegarde, le 3 mai 1861.

» Signé : ROUSSET. »

En l'absence de tout registre ou livre de compte indiquant les recettes et les dépenses de la commune, livre indispensable pour les maires qui ne se préoccupent que des intérêts de leurs administrés, nous avons dû, pour nous éclairer, nous livrer à diverses recherches, à la suite desquelles nous sommes parvenus à découvrir que la vente de 14 lots de biens communaux opérée en 1857 par le ministère de feu M. Lançon, alors notaire, avait produit 3,270 francs, qui devaient être affectés à la construction du presbytère, et que cette somme avait été versée, dans le courant de la même année, à la caisse du receveur municipal, qui a payé en 1858, en déduction de cette recette,

1° 1,235 fr. 90 c. pour l'acquisition du jardin de la cure, vendu par Rosiod ;

2° *1,600 fr. à compte de la construction du presbytère.*

Reste à reporter....Fr. 6,531 25

Report....Fr. 6,531 25

Le bordereau détaillé des recettes et dépenses que le receveur municipal a établi pour 1858 devant être considéré par nous comme par vous, qui avez des notions en matière de finances, comme un titre témoignant, de la manière la plus irrécusable, de la destination des fonds portés en dépense par les comptables des communes, vous nous permettrez en conséquence de faire figurer cette somme en déduction de vos dépenses : ci............................... 1,600 »»

La commune avait demandé, et a obtenu de l'administration des douanes, le 3 juillet 1858, l'autorisation de démolir la grande remise qui avait été construite en 1829 sur la place de Bellegarde aux frais de divers habitants et de la douane, qui en avait la jouissance pour les besoins de son service, et qui devait pourvoir aux frais d'entretien.

Tous les matériaux provenant de cette démolition vous ont été livrés, tels que les pierres de taille, les portes et fenêtres, les bois de charpente, les tuiles dont l'achat et la pose avaient coûté 780 francs en 1852, et les chenaux en fer-blanc qui avaient été fournis en 1855 pour le prix de 115 francs.

Vous avez dû assurément tirer, pour le bien de la commune, le meilleur parti possible de ces matériaux en les employant partie dans la construction de la cure et partie dans celle de la maison d'école des filles dont vous nous obligez à poursuivre la possession devant le tribunal de première instance, malgré vos promesses et l'acte que vous avez signé.

Certaines pierres de taille témoignent, du reste, aux yeux des passants, du soin que vous

Reste à reporter....Fr. 4,931 25

Report....Fr. 4,931 25

en avez pris, et en considérant que la toiture du
presbytère a été entièrement couverte avec les
tuiles provenant de la remise, nous pensons être
d'accord avec vous en fixant leur valeur à la
somme de 400 francs dès que cette dépense avait
été portée à 453 fr. 60 c. par l'ingénieur Lavoisot, ci...................................... 400 »»

Reste........ 4,531 25

Examinant ensuite la valeur de la partie des
autres matériaux que vous avez dû employer
dans cette construction, ainsi que la valeur des
journées faites par les habitants qui ont effectué
le transport des pierres, bois et sable gratuitement, nous ne croyons pas commettre une erreur
à votre préjudice en évaluant le tout à la somme
de 1,500 fr. dès que les seuls bois de charpente
de la remise avaient coûté 2,000 francs, ci..... 1,500 »»

Reste......Fr. 3,031 25

Par la délibération du 22 juillet 1860 que vous avez
citée dans votre acte du 16 août suivant, ~~en déclarant~~ que
vous consentiez à vous y référer, le conseil d'alors a annoncé que le produit de la souscription volontaire faite
dans la paroisse de Bellegarde s'élevait à la somme de
1,545 francs.

On y parle de ressources réalisées et assurées, ce qui
nous dispose à croire qu'une somme a dû être recueillie,
réalisée; mais comme nous ne voulons ni ne devons
énoncer que des faits pouvant être établis au moyen de
preuves ou titres, nous nous dispensons de porter cette
somme en déduction de vos avances, jusqu'au moment
où nous serons mieux renseignés et où il vous plaira de
nous transmettre les listes de souscription dont nous vous
avons demandé la communication par la lettre du 13 août,
et dont vous vous abstenez de parler dans votre réponse.

Après l'enquête de *commodo* et *incommodo* à laquelle

M. Brunet, alors maire à Billiat, avait procédé à la fin de décembre 1860 en vertu de l'arrêté du sous-préfet en date du 20 du même mois, et après l'engagement que vous aviez pris le 16 août de la même année de céder la cure moyennant la somme qui serait fixée par le procès-verbal d'expertise, soit pour 8,031 fr. 25, déduction faite de la valeur du terrain, la commune, ignorant que des fonds vous avaient été remis, devait croire que ce chiffre suffirait à vous indemniser complètement de toutes vos dépenses. Mais elle commettait une erreur, puisqu'en mai 1862 vous devenez plus exigeant. A cette date vous avez annoncé au maire que la commune vous devait 12,450 fr. pour le presbytère, et vous l'avez engagé par lettre à faire prendre une délibération pour que le Conseil régularisât votre position. La différence entre le chiffre que vous aviez accepté en 1860 et celui que vous avez réclamé en 1862 est de 4,418 fr. 75. Elle paraît témoigner que vous n'avez tenu aucune note des avances que vous aviez faites, et que vous avez trouvé plus commode de ne faire aucun aveu relativement aux sommes que vous avez reçues. Nous en trouvons, du reste, la preuve dans la lettre même à laquelle nous répondons, puisque vous y annoncez que la *commune ne vous a rien donné ni en intérêt ni en capital.*

En 1863, le maire a été informé que le gouvernement avait accordé un secours de 2,000 francs pour le presbytère. La lettre par laquelle M. le sous-préfet transmet cet avis est conçue en ces termes :

« Nantua, 30 avril 1863.

» Monsieur le Maire,

» J'ai l'honneur de vous informer que par décision en
» date du 17 avril courant, Son Excellence M. le Ministre
» de l'instruction publique et des cultes a accordé à la
» commune de Bellegarde un secours de 2,000 francs en
» deux annuités égales pour l'aider à payer la dépense
» d'acquisition d'un presbytère. Toutefois, la première
» annuité ne pourra être comptée qu'après l'ouverture de
» l'exercice 1864, et ensuite de la production d'un certi-

» ficat délivré par vous constatant que l'acquisition pro-
» jetée est réalisée, et que la commune est définitivement
» propriétaire.

» Vous vous rappelez, M. le Maire, que sur une dépense
» à faire de 10,000 francs, la commune ne disposait que
» de 6,545 francs, d'où résultait un déficit de 3,455 francs.
» Ce déficit se trouve réduit à 1,455 francs par suite du
» secours accordé.

» Vous aviserez, avec le Conseil municipal, au moyen
» de le combler. La commune disposant de 6,545 francs
» pour faire face à une partie de la dépense, il importe
» que cette somme ne soit pas détournée de son affecta-
» tion et soit réservée exclusivement dans la caisse mu-
» nicipale.

» Veuillez donner des ordres dans ce sens au receveur
» municipal. Ci-joint diverses pièces produites.

> » *Le sous-préfet.* Signé : DELAPORTE »

Comme, aux termes de cette lettre, on pouvait toucher
par annuité la somme accordée par l'Etat après la production d'un certificat par lequel le maire aurait constaté
que la commune était propriétaire de la cure, il est diffi-
cile de comprendre, dès que vous aviez consenti à céder le
presbytère au prix d'estimation fixé par M. Collet, pourquoi vous n'avez pas terminé l'affaire de cette construction à cette époque où la commune pouvait, avec le secours qu'elle avait obtenu, vous rembourser la presque
totalité de vos avances, ainsi que nous allons le démontrer :

M. Collet avait estimé la cure, sol compris, Fr.   10,000
Ce chiffre avait été accepté par vous.

Le sol, acheté par la commune, a été éva-
   lué . . . . .Fr. 1,968 75
La commune a payé en 1858, à compte
   de la construction . . . . .Fr. 1,600 »»
Don fait par Monseigneur, dont vous

        A reporter . . . . . .Fr. 3,568 75   10,000

<pre>
            Report.........Fr. 3,568 75 10,000 »»
aviez pris la place. (Dès le prin-
    cipe on le portait à 2,000 fr.).Fr. 1,500 »»
Valeur des tuiles fournies par la
    commune...............Fr.   400 »»
Valeur des matériaux qui vous ont
    été livrés et des journées faites
    gratuitement............Fr. 1,500 »»
Subvention de l'Etat........Fr. 2,000 »»
                                     ———————
            Total.......Fr. 8,968 75   8,968 75
                                     ———————

            Il restait à payer.....Fr. 1,031 25
</pre>

Pour que la sous-préfecture ait pu annoncer que la somme disponible s'élevait à 6,545 francs, il a fallu qu'elle ait eu une connaissance parfaite de toutes les ressources que la commune avait obtenues soit avec le produit de la vente des biens communaux, soit au moyen de dons et souscriptions volontaires, dont il est parlé dans la délibération du 22 juillet 1860, et que nous ne pouvons porter en déduction de vos dépenses par la raison que nous avons déjà donnée.

Mais les prescriptions de M. le sous-préfet n'ont pas été suivies. Il semble, au contraire, qu'on prenait à tâche d'embrouiller cette affaire, puisque le 29 mai 1864 on rédige une nouvelle délibération par laquelle on reconnaît qu'il vous est dû 12,000 francs pour le presbytère, en déclarant que cette somme vous serait payée en prorogeant l'imposition extraordinaire de 12 ans, et plus s'il le fallait. Ici il n'est plus question ni des ressources dont la commune disposait, des sommes qui avaient été payées, ni même du secours accordé par l'Etat. L'on se borne à dire que l'on vous doit 12,000 francs.

Cette délibération, toutefois, n'a pas obtenu, pour des causes que nous ignorons, l'approbation de l'autorité administrative dès que le conseil qui avait été élu en 1865 a été appelé à s'occuper, à sa première réunion du 12 no-

vembre, de la construction de la cure et des avances que
vous aviez faites.

Les nouveaux élus ignoraient que des sommes eussent
été payées par la commune ; ils n'avaient aucune connaissance des dons qui avaient été faits, et l'on a bien voulu
s'abstenir de mettre sous leurs yeux la lettre de M. le
sous-préfet, les délibérations qui avaient été prises avant
la réception de cette lettre, et de les éclairer, en un mot,
sur cette affaire d'une importance majeure pour la commune, qui avait vu vendre tous ses biens communaux et
qui avait fait des dons dans le seul intérêt du culte, sans
avoir rien distrait du produit de la vente et des quêtes
pour s'assurer un local, dont elle est encore privée, pour
la réunion du Conseil et le dépôt de ses archives.

A cette époque vous vous êtes rendu au sein du Conseil
auquel, en vous abstenant de parler des sommes que
vous aviez touchées, vous avez déclaré que la cure vous
avait coûté 8,000 francs ; que vous étiez disposé à la céder
pour cette somme si elle était payée comptant, ou pour la
somme de 12,000 francs payable au fur et à mesure que
la commune aurait des fonds disponibles, après l'acquit-
tement de ses dettes antérieures, au nombre desquelles
figure celle qui a été contractée le 10 mars 1865 pour l'acquisition du cimetière.

Vous lui avez expliqué qu'à la suite d'un entretien que
vous aviez eu avec M. le préfet, ce magistrat vous avait
conseillé et autorisé à produire des mémoires fictifs s'éle-
vant ensemble à la somme de 12,000 francs, et présentant,
par substitution de dépenses, des travaux exécutés à
l'église afin de faciliter à la commune l'entrée en possession du presbytère.

En employant ce moyen, vous n'avez sans doute pas
réfléchi que vous pouviez porter atteinte à votre caractère
de prêtre en allant solliciter de quatre maçons, tailleur de
pierre et menuisier, dont nous tairons les noms, des si-
gnatures de complaisance pour arriver à une cession qui
pouvait être faite d'une manière consciencieuse et claire

en établissant, par des comptes et des quittances que vous n'avez jamais produits, quel avait été le chiffre des avances que vous aviez faites à la commune, qui aurait pris l'engagement de vous les rembourser dans un délai déterminé.

Le Conseil, auquel ce mode d'arrangement répugnait, ignorant les faits antérieurs et agissant avec une entière bonne foi, s'est borné à déclarer que la somme de 12,000 francs qui avait fait l'objet de l'exposé du maire avait été employée, dans l'intérêt de la commune et du culte, en travaux d'une utilité notoire, et, sans s'occuper des mémoires produits, il a reconnu que la commune vous devait 12,000 francs pour le presbytère, *intérêts échus et à échoir compris.*

Le même jour vous avez déclaré par un acte, qui a été annexé à la délibération, que la commune entrerait en pleine et entière possession du presbytère et de ses dépendances dès qu'elle serait autorisée à s'imposer extraordinairement pour vous rembourser :

1° La somme de 8,000 francs, montant des avances que vous disiez avoir faites ;

2° Celle de 4,000 francs représentant tous frais, indemnités, intérêts échus et à échoir jusqu'à entier paiement de ces deux sommes.

Vous avez consenti, en outre, à être remboursé, après le paiement des dettes antérieures, au fur et à mesure que la commune aurait des fonds disponibles, en déclarant que les quatre mémoires produits étaient fictifs, et que la somme de 2,000 francs allouée par l'Etat serait, dès que vous l'auriez touchée, portée en déduction de la dette.

A cette époque, le gouvernement avait déjà fait verser la somme de 2,000 francs dans la caisse du receveur municipal ; mais, soit par ordre de l'autorité supérieure, soit à la suite d'un arrangement intervenu entre vous et le maire, on engage le Conseil à prendre ce même jour, 12 novembre 1865, une délibération pour que la commune puisse restituer, sur les fonds disponibles en caisse, la somme de 2,200 francs comme complément de celle de 3,000 francs qu'une personne lui avait avancée sans intérêts pour les travaux de la seconde partie de l'église.

Cette personne, qui vous est bien connue et qui vous connaît fort bien, a touché la somme de 2,200 francs à la fin de 1865, et elle a eu le soin de vous la remettre immédiatement contre le titre qu'elle avait signé pour constater que ces fonds lui avaient été envoyés ou remis par l'évêché.

Vous pourriez bien nous dire, M. le curé, dans quelle louable intention Monseigneur avait fait verser cette somme dès 1858, époque à laquelle on parle, dans la délibération du 10 mai, d'un don de 2,000 francs fait par l'évêché.

Le 17 décembre 1865, le Conseil vote, avec les plus forts imposés, une imposition extraordinaire de 20 centimes pour être affectée au remboursement de vos avances.

A la suite de ce vote on devait nécessairement croire que la délibération du 12 novembre 1865 et la déclaration y annexée, réglant l'affaire du presbytère, avaient reçu l'approbation administrative ; mais, chose surprenante, on a eu le soin de laisser ignorer à l'autorité supérieure l'arrangement intervenu entre vous et la commune, ainsi que vient le démontrer la lettre suivante, qui est postérieure de neuf mois à la délibération précitée :

« Nantua, 14 août 1866.

» Monsieur le Maire,

» La commune de Bellegarde s'étant imposé une contribution de 20 centimes additionnellement aux rôles de » 12 exercices à dater de 1867, pour faire terminer son » église, devra aviser à chercher d'autres ressources pour » rembourser les avances des personnes qui *ont contribué* à la construction du presbytère.

» Mais pour que M. le Préfet puisse autoriser l'emploi » de ces ressources, et notamment d'un secours de » 2,000 francs alloué par l'Etat, il faut bien qu'aupara-

» vant l'édifice ait reçu le caractère de propriété com-
» munale, soit par la vente qui en serait faite par les
» créanciers, jusqu'à concurrence du montant de leurs
» avances et déduction faite des souscriptions particu-
» lières, soit par leur déclaration sous seings privés qui
» serait déposée aux archives de la commune après avoir
» fait l'objet d'une délibération du Conseil municipal.

» Recevez, etc.

» Signé : DELAPORTE. »

Les termes de cette lettre indiquent surabondamment qu'il n'avait été envoyé à la sous-préfecture aucune copie de la délibération et de votre sous-seing privé en date du 12 novembre 1865. On s'était sans doute borné à adresser la délibération par laquelle le Conseil et les plus forts imposés avaient voté une imposition extraordinaire, le 17 décembre suivant, pour pouvoir payer les 12,000 francs montant des prétendus travaux faits dans l'église. Si M. le sous-préfet avait eu connaissance que vous aviez cédé le presbytère par un sous seing privé, et que l'imposition extraordinaire votée devait servir à vous indemniser de vos avances, il n'aurait point demandé, assurément, à ce qu'un sous-seing privé fût déposé aux archives après avoir fait l'objet d'une délibération du Conseil municipal qui s'était déjà prononcé à cet égard, et se serait dispensé d'inviter le maire à trouver des ressources pour rembourser vos avances.

Et comment, en effet, pouvait-on envoyer la délibération vous reconnaissant créancier de 12,000 francs au même sous-préfet qui avait annoncé, le 30 avril 1863, que la commune pouvait se libérer de cette dette moyennant le paiement de la somme de 1,455 francs, après le versement du secours accordé par l'Etat?

Dans cette circonstance on a appelé le Conseil à délibérer dans le seul but de savoir son avis et avec l'intention de ne pas faire connaître sa décision à l'autorité appelée à la sanctionner, se réservant toutefois de s'en prévaloir en temps opportun, ainsi que vous le faites aujourd'hui et que vous l'avez fait dans une autre circonstance que nous rappellerons.

Dans le but de pouvoir obtenir la somme de 2,000 francs accordée par le gouvernement, vous avez eu recours, vers la fin de 1866, au même moyen que vous aviez employé en 1865. Vous avez fait établir un mémoire constatant que les dépenses de réparations faites au bâtiment de la cure, qui n'avait besoin d'aucune réparation, s'élevaient à 2,000 francs.

A votre sollicitation, l'homme qui paraît être le plus pieux du pays consent à signer ce mémoire comme entrepreneur. Il ne se fait aucun scrupule de certifier un mensonge que nous rangerons dans la classe des pernicieux, car il aurait pu le devenir pour les intérêts de la commune.

Vous aimez à employer les mémoires fictifs. Vous en avez produit quatre quand vous avez voulu faire reconnaître que la commune vous devait 12,000 francs pour la cure, en présentant des travaux pour l'église, et quand vous voulez toucher les 2,000 francs de l'Etat, vous fournissez un mémoire pour travaux de réparations faits à la cure. On a le soin, en outre, de laisser ignorer au Conseil cette substitution et le paiement des 2,000 francs.

M. le sous-préfet a renvoyé, le 21 janvier 1867 votre mémoire au maire, en lui prescrivant de le faire établir sur timbre, *de le viser, le certifier*, et de le faire certifier par l'auteur du devis.

Ce magistrat s'exprime en même temps en ces termes :

« La marche irrégulière qui a été suivie dès le début
» de l'affaire du presbytère de Bellegarde afin d'obtenir à
» cette commune un secours sur les fonds de l'Etat, est la
» cause des difficultés que nous rencontrons aujourd'hu[i]
» pour régler cette affaire.

» Après l'obtention du secours on a voulu éviter à la
» commune les frais d'une acquisition, car en réalité il
» n'y avait pas vente, puisque le presbytère cédé à la
» commune avait été *bâti en grande partie à l'aide de*
» *souscriptions*. C'est pourquoi il était dit dans notre

» lettre du 21 mai 1864 qu'une déclaration devrait être
» faite par le desservant, dans laquelle seraient expliquées
» les circonstances de l'affaire qui démontraient que la
» commune avait bien et dûment la propriété du presby-
» tère. Vous m'avez adressé, et j'avais transmis à M. le
» préfet cette déclaration, qui m'est renvoyée parce qu'elle
» n'est pas faite comme elle doit l'être ; elle n'explique
» pas les faits et circonstances de l'affaire ; dès lors elle
» pourrait donner lieu, plus tard, à des difficultés, non
» pas de la part de M. le desservant, sans doute, mais de
» la part de ses héritiers et ayants-cause.

» Il faudrait donc, dit M. le Préfet, que cette déclara-
» tion fût refaite et expliquât nettement et complètement
» les détails et les circonstances de l'affaire, afin que sa,
» véritable situation en ressortît clairement, et qu'il fût
» dès lors bien établi que la commune a toujours pu et
» dû prétendre à la propriété du presbytère. Cela fait, il
» ne sera pas nécessaire, je crois, d'accepter, par le Con-
» seil municipal, la *cession projetée, puisqu'en réalité il*
» *n'y aurait pas de cession....*

» Signé : DELAPORTE. »

Diverses lettres de l'administration annoncent que le presbytère avait été bâti en grande partie à l'aide de souscriptions particulières, et l'on remarque que dans votre dernière lettre, ainsi que dans tous vos actes avec la commune, vous vous êtes toujours abstenu de parler de ces souscriptions.

Si l'administration commettait une erreur, il était dans votre droit et dans vos intérêts de la lui signaler et de la faire rectifier ; en renonçant à le faire, vous avez reconnu implicitement qu'elle disait vrai, et dès lors vous auriez dû vous montrer consciencieux et sincère avec le Conseil, qui avait eu une telle confiance dans vos déclarations qu'il les a admises sans exiger la production du compte de vos dépenses.

Le receveur municipal paie en avril ou mai 1867 les 2,000 francs contre quittance donnée par le complaisant entrepreneur, et c'est seulement à la session de mai 1868 que le Conseil apprend, en examinant le compte des dépenses de la commune, que cette somme a été touchée pour la cure.

L'un des Conseillers demande si vous aviez fourni une quittance des 2,000 francs, le maire lui répond « que vous » la donneriez quand on voudrait. » Cette réponse paraissant indiquer que ce paiement n'avait pas été fait d'une manière régulière dès que vous n'aviez pas donné quittance de la somme, on veut s'assurer du fait et on découvre à quels moyens on avait eu recours pour obtenir, à l'insu du Conseil, les fonds alloués par l'Etat.

Cette découverte vous a valu l'avantage de vous rendre à Nantua le 14 juillet 1868, en compagnie du maire, qui a déposé le même jour, au parquet de cette ville, une plainte en diffamation contre cet abominable conseiller qui avait eu le tort grave de faire des recherches dans l'intérêt de la commnne et d'en faire connaître le résultat à quelques-uns de ses collègues du Conseil.

Nous devons dire que nous avons trouvé votre quittance de 2,000 francs dans les archives de la commune ; mais nous ne savons à quelle date vous l'avez fournie, car vous vous êtes abstenu de l'y indiquer, en ayant eu le soin, néanmoins, de laisser un espace de deux lignes pour pouvoir réparer cette omission en cas de besoin.

Dans cette quittance vous déclarez :

« Que la somme de 2,000 francs entre en déduction de » celle de 12,000 francs que la commune vous doit suivant » la délibération du 12 novembre 1865 et la pièce annexée » à cette délibération. »

Vous vous prévalez, par devers la commune, de la délibération précitée, malgré que tout vienne démontrer qu'elle n'a pas été approuvée par l'autorité supérieure, à laquelle, du reste, on s'est abstenu de l'envoyer, ainsi que nous en avons administré la preuve, et, chose réellement surprenante, vous ne reconnaissez même pas avoir reçu cette somme par votre lettre du 6 septembre, dans la-

quelle vous dites « que la commune ne vous a rien donné
» ni en capital ni en intérêts depuis que la cure est faite. »

Vous avez, M. le curé, des défauts de mémoire qui ne
vous sont jamais préjudiciables, et votre lettre l'atteste
amplement. Elle nous apprend :

» 1° Que c'est à votre sollicitation, et après des pour-
» parlers de *plusieurs années,* que M. le Préfet de l'Ain a
» bien voulu accepter la cession comme mode de trans-
» mission pour éviter les frais d'une vente. »

Mais votre position vis-à-vis de la commune, qui avait
payé le sol, qui avait fourni de l'argent, la majeure partie
des matériaux et des journées, vous interdisait, ainsi que
les termes de la correspondance que nous publions, le
droit de vous considérer propriétaire de la cure. Ne pouvant la vendre, vous auriez dû vous abstenir d'entretenir,
pendant plusieurs années, M. le Préfet de cette affaire,
que vous pouviez régler en une heure en produisant à ce
magistrat le compte de vos dépenses, appuyé de quittances
régulières et d'un état indiquant d'une manière consciencieuse les sommes que vous aviez reçues, la valeur des
journées et des matériaux qui vous avaient été fournis
gratuitement, car personne, mieux que vous, ne pouvait
connaître l'importance des matériaux de la remise, dont
les bois de charpente avaient seuls coûté plus de 2,000 fr.

» 2° Que si vous aviez exigé les intérêts de la somme de
» 12,000 francs, la cession n'aurait pas été faite pour
» rien ; mais qu'en ne vous payant pas d'intérêts, le rai-
» sonnement est tout autre. »

Ici encore vos défauts de mémoire vous servent avanta-
geusement, car ils vous font oublier que d'après votre
acte du 12 novembre 1865 les intérêts étaient compris
dans la somme de 12,000 francs, à moins que vous n'exi-
giez l'intérêt des intérêts non échus.

« 3° Qu'à l'occasion de la construction de la cure, vous
» faites un cadeau de 20,000 francs à la commune qui
» témoignerait du double intérêt que vous lui portez. »

Heureuse commune ! Vous lui faites de tels cadeaux

que si elle avait traduit Virgile elle se garderait bien de vous dire : *Timeo Danaos et dona ferentes.*

4° Et enfin cette même lettre nous apprend « que la » commune de Bellegarde ne vous a rien donné ni en » intérêts ni en capital. »

Ici nous nous permettons de vous dire que vous commettez encore une grave erreur. Rien donné!!! On sait que cette expression vous est familière : vous l'avez employée naguère à l'église, en parlant de l'acquisition de la chaire, devant vos auditeurs, au nombre desquels se trouvaient deux personnes qui vous avaient remis 600 francs pour ce meuble.

Mais, comme nous, ces personnes ont été stupéfaites de l'assurance avec laquelle, par défaut de mémoire sans doute, vous annoncez des faits contraires à la vérité et contraires aux sentiments que votre conscience d'honnête homme doit vous inspirer.

Rien donné ! Mais nous avons établi que vous aviez touché en numéraire :

1° De la commune, en 1858................Fr. 1,600
2° De l'évêché........................... 1,500
3° De l'Etat............................... 2,000

Nous avons démontré, sans rien exagérer, que les tuiles, les matériaux de la remise employés dans cette construction, et les journées faites gratuitement, devaient valoir pour le moins........ 1,900

Total..........Fr. 7,000

Sur une dépense à faire de 8,031 fr. 25, suivant l'évaluation de l'expert accepté par vous, vous recevez 7,000 fr. en numéraire, matériaux et main-d'œuvre, et puis vous nous dites que la commune de Bellegarde ne vous a rien donné, et que vous lui faites un cadeau de 20,000 francs !

Miséricorde !!

Afin de vous éviter de commettre de nouveau des erreurs si inexplicables, nous allons vous prouver que la commune ne vous doit plus rien pour le presbytère, et cette preuve nous la puisons dans un acte que vous ne récuserez pas, nous aimons à le croire, puisqu'il porte votre signature.

Ce titre, dont nous vous donnons copie, a été découvert tout récemment, et d'une manière imprévue, dans les archives de la commune. Il est instructif et nous démontre qu'à l'instar d'autres personnes vous avez aussi voulu venir en aide à la commune pour une somme dont nous aurions eu plaisir à connaître le chiffre si vous aviez bien voulu nous communiquer les listes de souscription que nous vous avons demandées.

Votre acte est ainsi conçu :

« Je soussigné Henri Rousset, desservant à Bellegarde,
» reconnais que le presbytère de cette commune ayant
» été construit en grande partie au moyen de souscrip-
» tions particulières, au nombre desquelles la mienne a
» figuré, ce presbytère est la propriété de la commune.

» Je déclare en conséquence n'avoir aucun droit sur
» cet immeuble, dont je fais, en tant que de besoin, l'en-
» tier et complet abandon à la commune, n'ayant à exer-
» cer contre elle, à cet égard, aucune répétition quel-
» conque.

» Bellegarde, le 25 janvier 1867.

» Signé : ROUSSET. »

Cet acte dit tout. A l'époque où vous l'avez rédigé vous aviez sans nul doute tous les faits présents à la mémoire.

On vous demandait d'expliquer nettement et complète-ment les détails et les circonstances de l'affaire relative à cette construction, afin que la situation véritable en res-sortit clairement, et qu'il fût bien établi que la commune a toujours pu et dû prétendre à la propriété du presby-tère ; et, pour vous éviter de produire le compte des re-cettes et dépenses, reconnaissant que celles-ci étaient suf-fisamment couvertes, vous avez préféré donner une quit-tance finale qui vous mettra à même, aujourd'hui qu'on vous en rappelle les termes, de reconnaître l'erreur que vous avez commise en réclamant la somme de 12,000 fr.

à la commune et en annonçant en outre que vous lui fai-
siez un cadeau de 20,000 francs.

C'est volontairement, M. le curé, que vous avez donné
cette quittance ; et en l'absence des documents qui devaient nous mettre à même, s'ils nous avaient été com-
muniqués, de connaître le produit des souscriptions et les
personnes de la paroisse qui ont bien voulu concourir à la
construction de la cure, nous devons croire que les souscriptions particulières, au nombre desquelles la vôtre a
figuré, ont dû atteindre tout au moins le chiffre de
1,031 francs formant le reliquat de la dépense qui restait à
payer suivant le compte que nous avons établi de la manière, croyons-nous, la plus consciencieuse, et au moyen
de pièces et titres dont nous affirmons l'existence.

Vous avez commis, M. le curé, de nouvelles erreurs à
l'occasion du cimetière.

Vous dites dans votre lettre du 6 septembre :

« Un jour je trouvai du terrain à acheter ; le tour de ce
» terrain je fis faire des murs, une porte et placer une
» croix. (Remarquez que jusque-là la commune n'y était
» pour rien.) Une fois cela fait, je dis au Conseil : Voilà
» un cimetière. Tous les Conseillers trouvèrent la chose
» très bien. Mais comment le payer ? dirent-ils. — Comme
» la cure : vous me rembourserez quand vous pourrez et
» sans intérêt, remboursement qui, dans les prévisions
» d'alors, ne pouvait se faire que dans 30 ans, les annuités
» de la cure étant les premières. »

Suivant le raisonnement que vous aviez fait pour la
cure, vous ajoutez :

« Dans 7 ou 8 ans il y aura 15 ans que j'aurai fait les
» avances de 2,000 francs pour le cimetière ; comme la
» commune ne m'a rien donné et ne me donnera rien
» pendant 7 ou 8 ans, ce sera donc, dans quelques années,
» la somme de 2,000 francs que j'aurai donnée à la com-
» mune pour son cimetière, et, dans 25 ou 30 ans, la
» somme de 3,000 francs. »

Pendant que vous étiez si bien disposé à faire des cadeaux d'outre-tombe, vous auriez pu dire : Dans 94 ans il y aura 100 ans que j'aurai vendu le cimetière, etc.... Calculant ensuite à votre manière tous les intérêts imaginables, vous seriez arrivé, avec votre raisonnement, à faire un don effrayant pour la commune.

Mais rétablissons les faits.

Vous avez acheté, le 14 février 1859, de la compagnie Parent-Brassey et Buddicond, qui avait l'entreprise du tunnel du Crédo, un terrain situé sur la commune de Bellegarde, pour la somme de *neuf cents francs*.

Vous avez revendu, l'année suivante, une partie de ce terrain à deux personnes encore existantes pour une somme qui excède 1,000 francs, et vous avez transformé en cimetière la partie qui vous restait et qui ne vous avait pas coûté cher.

Les habitants de Bellegarde et de Coupy ont effectué gratuitement le transport de la terre et de tous les matériaux qui vous étaient nécessaires pour la construction d'un mur, sur une partie seulement du cimetière, de telle sorte que le salaire des maçons et du tailleur de pierres qui a fourni la croix constitue toutes vos dépenses, qu'un expert en pareille matière a évaluées à la somme de 800 fr., porte comprise.

Ce cimetière, qui est loin d'être terminé, vous le vendez à la commune, par acte notarié en date du 10 mars 1865, pour la somme de 2,000 francs, qui devait vous être payée, savoir :

666 fr. 66 c. à la fin de 1868, et pareille somme à la fin de 1869 et 1870. A défaut de paiement à cette dernière date, la commune s'est engagée à vous payer les intérêts. Elle fera honneur à ses engagements, soyez-en persuadé, et elle espère même pouvoir vous payer le capital dans un temps peu éloigné.

Vous remarquerez, monsieur le Curé, que la commune n'avait pas prévu, ainsi que vous l'avez dit, qu'elle ne pourrait se libérer de cette dette que dans 30 ans, dette qui est antérieure et non postérieure à l'arrangement de la cure dont vous vous prévalez, et que, contrairement à ce que vous avez annoncé, vous n'aviez pas oublié d'exiger les intérêts après 1870.

Ici vos cadeaux se convertissent en bénéfices pour vous, puisque vous avez vendu 2,000 fr. ce qui vous avait coûté 800 francs.

L'on dit, en outre, et diverses personnes des plus honorables affirment, qu'une dame a fait l'aveu, en diverses circonstances, qu'elle vous avait donné *mille francs* pour le cimetière.

Vous devez savoir à quelle époque et dans quelle intention ce don a été fait, s'il a été fait, et il vous appartient d'apprécier si vous pouvez confirmer l'aveu dont il s'agit par une déclaration ou si vous devez laisser peser la responsabilité de cet aveu sur la personne qui se serait rendue coupable d'un mensonge pour satisfaire à un sentiment d'orgueil, d'autant plus déplacé que c'est volontairement et presque confidentiellement qu'elle a parlé de ce don.

Vous tenez à vous montrer généreux, monsieur le Curé, et dans ce but vous parlez encore d'un troisième cadeau de 12,000 francs que vous feriez à la fabrique de l'église, dont vous êtes à la fois le président, le trésorier et le secrétaire en même temps que l'entrepreneur.

Il est bien reconnu, en effet, que, contrairement à la loi et aux réglements, vous n'avez jamais mis en adjudication aucun des travaux qui constituent les dépenses qui ont été faites, dépenses qui auraient quadruplé depuis le mois d'octobre de l'année dernière.

A cette époque, trois membres délégués par le Conseil se sont rendus auprès de vous dans l'espoir de pouvoir terminer à l'amiable l'affaire relative à la maison d'école des filles, au sujet de laquelle vous n'avez voulu accepter ni la somme de 7,000 fr. qui vous a été offerte, ni la proposition qui vous a été faite de vous en rapporter à des experts nommés contradictoirement, et vous devez vous rappeler que dans cette circonstance vous avez déclaré aux trois délégués que la fabrique vous devait 3,000 fr.

Depuis 1870, vous n'avez fait exécuter aucune réparation, et pourtant vous établissez par un compte, qui n'est point, il est vrai, appuyé de pièces de dépense, que vous lui donnez 12,000 fr.

Aucun de nous ne fait partie du conseil de fabrique, et M. le maire, qui en est membre de droit, n'a pas encore été invité à assister à ses réunions depuis 15 mois qu'il administre la commune. Il n'a même pas pu obtenir une réponse à la lettre par laquelle il vous a prié de lui faire connaître les membres en exercice. C'est vous dire que nous n'avons actuellement aucun moyen de contrôler d'une manière sérieuse et approfondie le compte des travaux que vous avez fait exécuter de votre propre autorité.

Nous vous manifesterons néanmoins notre étonnement de ne pas voir figurer, en déduction de vos trop nombreuses dépenses, les sommes très importantes qui vous ont été données, à votre sollicitation, par diverses personnes que nous nous abstenons de nommer dans la crainte de commettre une indiscrétion à l'occasion de dons que l'on désire tenir secrets.

Quant aux travaux de réparation du linge et des ornements d'église que vous évaluez à 750 fr., nous savons que ces travaux ont été faits gratuitement pendant 15 ans, et nous avons été surpris, en examinant deux budgets ou comptes de la fabrique, les seuls que nous ayons trouvés dans les archives, de voir que les frais de ces travaux y figuraient en dépense ainsi que le traitement des enfants de chœur. Nous nous bornerons à dire que l'indemnité aux enfants de chœur ne doit pas être laissée à la charge de la fabrique, et nous espérons que vous comprendrez pour quel motif nous nous abstenons d'entrer dans de plus longs détails à ce sujet.

Nous pensions, monsieur le curé, que 25 chaises à 5 francs la place, que 24 bancs pour dames et 6 bancs pour hommes à 6 places par banc, devaient produire au moins.. 450 fr.
au lieu de.................................... 180 fr.
que nous avons vu figurer en recette aux budgets précités.

En terminant, vous nous permettrez de dire qu'en acceptant les fonctions que nous remplissons avec un entier désintéressement et sans être animés d'aucun sentiment hostile envers personne, nous croyons avoir donné la preuve de notre dévoûment à la commune : car, connaissant quelles étaient sa situation, ses dettes et les irrégularités qui avaient été commises, nous nous attendions à rencontrer en vous de la résistance quand les intérêts du pays nous obligeraient à agir contrairement à vos vues et aux habitudes que vous aviez contractées, de vous ingérer continuellement dans les affaires de la commune.

Cette ingérence lui a porté un préjudice considérable, puisque par vos démarches persistantes vous avez fait échouer, il y a dix ans environ, le projet de la construction du pont sur la Perte du Rhône, qui devait avoir pour résultat de donner un plus grand développement aux relations commerciales entre plusieurs communes placées sur les deux rives du fleuve.

N'ayant participé en aucune manière aux faits qui ont amené la commune dans la position où elle se trouve, nous ne sommes liés envers elle que par le sentiment que ses intérêts nous inspirent, en nous rappelant que nous devons prendre à tâche de régler, sans préjudice pour personne, les affaires qui donnent lieu à vos réclamations, et de faire honneur le plus tôt possible aux engagements qui ont été pris en son nom, en tant qu'il nous sera démontré, par des actes authentiques ou par des comptes admissibles, que la commune n'a pas été lésée quand les engagements ont été contractés.

Nous nous attendions à recevoir la seconde lettre annoncée, mais après une attente de plus de quarante jours nous avons pensé que vous aviez renoncé à nous entretenir des dépenses dn clocher, des fontaines, etc., et nous avons, en conséquence, jugé à propos de vous faire parvenir notre réponse sans plus tarder.

Nous avons l'honneur d'être,

Monsieur le Curé,

Vos très humbles serviteurs.

Pour les membres du Conseil :

Le Maire, A. GIROD.

9 782019 213176